BEI GRIN MACHT SICH IHR WISSEN BEZAHLT

AF157173

- Wir veröffentlichen Ihre Hausarbeit, Bachelor- und Masterarbeit

- Ihr eigenes eBook und Buch - weltweit in allen wichtigen Shops

- Verdienen Sie an jedem Verkauf

Jetzt bei www.GRIN.com hochladen und kostenlos publizieren

Bibliografische Information der Deutschen Nationalbibliothek:

Die Deutsche Bibliothek verzeichnet diese Publikation in der Deutschen National-bibliografie; detaillierte bibliografische Daten sind im Internet über http://dnb.d-nb.de/ abrufbar.

Impressum:

Copyright © 2016 GRIN Verlag, Open Publishing GmbH
Druck und Bindung: Books on Demand GmbH, Norderstedt Germany
ISBN: 9783668254497

Dieses Buch bei GRIN:

http://www.grin.com/de/e-book/335518/in-memory-technologie-untersuchung-der-ersetzbarkeit-von-oltp-basierten

Carina Butz

Aus der Reihe: e-fellows.net stipendiaten-wissen

e-fellows.net (Hrsg.)

Band 1968

In-Memory Technologie. Untersuchung der Ersetzbarkeit von OLTP-basierten Datenbanken

GRIN Verlag

In-Memory Technologie

Untersuchung der Ersetzbarkeit von OLTP-basierten Datenbanken

Seminararbeit zum
Integrationsseminar zu ausgewählten Themen der WI

für die
Prüfung zum Bachelor of Science

an der Fakultät für Wirtschaft
im Studiengang Wirtschaftsinformatik

an der
DHBW Ravensburg

Verfasser: Carina Butz
Ausbildungsbetrieb: BayernLB

Abgabedatum: 31.03.2016

Inhaltsverzeichnis

Abbildungsverzeichnis

Tabellenverzeichnis

1 Einführung und Zielsetzung

Das Thema In-Memory Data Management (IMDM) ist aktuell im Rahmen der Diskussion um Big Data und Data Mining im Fokus. Hierbei stellt Welker (2015, o. S.) grundsätzliche Fragen zu der Zukunft des Business Intelligence und dem Data Warehouse. Er stellt heraus, dass die In-Memory Technologie hier deutliche Vorteile für die Analyse der Daten bringen kann. Zudem betont er auch, dass In-Memory nicht nur für analytische Zwecke, sondern auch für transaktionale Funktionen (Online Transactional Processing (OLTP)) Vorteile bieten kann. Ferner wird von Vaisman und Zimányi (2011, S.13) diskutiert, ob Real-Time Data Warehousing die Lösung des Problems, das immer mehr Daten in Echtzeit analysiert werden müssen, sein könnte.

Diese geforderte Aktualität und die Handhabung großer Datenmengen wird zunehmend mithilfe der In-Memory Technologie versucht zu lösen. Es stellt sich jedoch die Frage, ob die Technologie in der Lage ist, sowohl transaktionale als auch analytische Operationen auszuführen. Diese Verknüpfung könnte den entscheidenden Vorteil bringen, da somit die Daten, die später analysiert werden müssen, bereits in diesem System erfasst und bearbeitet werden können. Das könnte einen erheblichen Performancegewinn bringen. Wie Matt (2012, S. 229) hervorhebt, ist es für Unternehmen durch den zunehmenden internationalen Wettbewerb wichtiger geworden, schnell Entscheidungen treffen zu können. Diese Geschwindigkeit kann nur erreicht werden, wenn Daten, die für die Entscheidung notwendig sind, in Echtzeit vorliegen und ausgewertet werden können. Die gemeinsame Verarbeitung von Daten in einem System wäre ein wichtiger Schritt, da somit die reinen transaktionalen OLTP-basierten Systeme überflüssig wären und die IT-Infrastruktur damit erheblich vereinfacht werden könnte. Es würde nur noch analytische Systeme geben, die auch für den operativen, transaktionalen Bereich (z.B. Enterprise-Resource-Planning-System) eingesetzt werden können. Auf diesen können sehr schnell Analysen mit Echtzeitdaten durchgeführt werden und ein zeit- und rechenaufwändiger Extract-Transform-Load-Prozess (ETL) wäre nicht mehr notwendig.

Mit dieser Arbeit soll untersucht werden, ob die In-Memory Technologie die beiden Welten verknüpfen kann. Im ersten Schritt wird die In-Memory Technologie kurz vorgestellt und es werden die Begrifflichkeiten OLTP und Online Analytical Processing (OLAP) erläutert. Anschließend wird untersucht, ob eine reine OLAP-basierte Datenbank die transaktionalen Funktionalitäten abdecken kann und ob diese eine rein reihenbasierte Speicherung ersetzen kann. Nach dieser Untersuchung wird die hybride Struktur beleuchtet, ob sie die OLTP-basierten Datenbanken ablösen kann. Anschließend wird eine Bewertung dieser Möglichkeiten durchgeführt und ein Fazit gezogen. Da der Umfang der Arbeit begrenzt ist, sei der Leser bei grundlegenden Zusammenhängen auf die Literaturliste wie beispielsweise Plattner (2012) verwiesen.

2 Erläuterung der Begrifflichkeiten

In diesem Kapitel soll zunächst erläutert werden, was unter der In-Memory Technologie verstanden wird und warum diese seit den letzten Jahren aktuell ist. Die Vorteile und Einsatzmöglichkeiten runden das erste Unterkapitel ab. Anschließend werden eine Übersicht über die Technologien angeführt und die Sanssouci Datenbank skizziert. Daran anschließend werden die Unterschiede zwischen der reihenbasierten und der spaltenbasierten Speicherstruktur diskutiert.

2.1 In-Memory Technologie

Hauptspeicherdatenbanksysteme speichern die Daten nicht auf der Festplatte, wie es traditionellen Datenbanksystemen (DBS) machen, sondern im Hauptspeicher. Das hat nach Loos (2011, S. 383) zur Folge, dass schneller auf die Daten zugegriffen werden kann und keine zeitintensiven Zugriffe auf die Festplatte von Nöten sind. Diese Ideen sind grundsätzlich nicht neu, da es nach Loos (2011, S. 384) bereits in den 1980er Untersuchungen zu diesem Thema gab. Jedoch hat das Thema erst in den letzten Jahren an Auftrieb gewonnen, da sich die technischen Möglichkeiten verbessert haben. So sind nach Matt (2012, S. 229) die Arbeitsspeicherpreise gefallen und die Entwicklung von 64-bit Prozessoren förderte die In-Memory Technologie zusätzlich, da nun auch größere Datenbestände im Hauptspeicher gehalten werden können und keine Beschränkung mehr bei vier Gigabyte besteht. Neben diesen beiden Fortschritten ist auch die Entwicklung der Multi-Core-Prozessoren (Multicore CPUs) förderlich gewesen, da nun auf einem Chip mehrere Hauptprozessoren vorhanden sind und damit mehrere Prozesse (z.B. Datenverarbeitung) gleichzeitig laufen können. Auf der Grundlage der technischen Fortschritte ergeben sich Möglichkeiten einer innovativen, zeitgemäßen Datenhaltung.

Ein wichtiger Vorteil der In-Memory Technologie ist vor allem die schnellere Verfügbarkeit von Daten. Nach Matt (2012, S. 230) können Prozesse nahezu in Echtzeit laufen und somit sind beispielsweise Ad-hoc Reports in Meetings möglich. Resultierend können Entscheidungen auf Basis der aktuellen Datenlage getroffen werden. Die schnellere Verfügbarkeit der Daten ermöglicht den Verzicht des ETL-Prozesses, der im traditionellen Data Warehouse die Daten von den operative Systemen in die Auswertungsdatenbank lädt und gleichzeitig transformiert und vereinheitlicht. Der ETL-Prozess ist hier nicht notwendig, da die Analysen direkt auf die Daten in der Datenbank zugreifen können und nicht erst in ein anderes DBS geladen werden müssen. Neben diesem wichtigen Vorteil ist auch die vereinfachte Datenanalyse ein wichtiger Grund für die In-Memory Datenbanken. Nach Matt (2012, S. 230) können verschiedene Daten aus unterschiedlichen Einzelsystemen (z.B. ERP-System und Webanwendung) einfacher zusammengeführt werden, ohne dass zuvor eine aufwendige Konsolidierung stattfinden muss. Wie bereits angesprochen, entfällt der

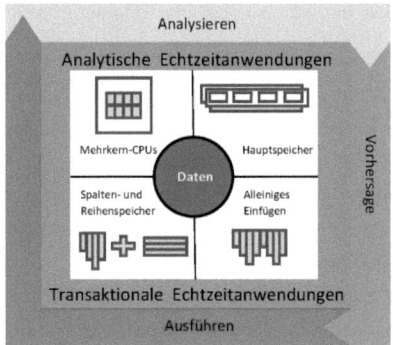

Abb. 2.1: Säulen der In-Memory Technologie nach Plattner (2012, S. XXXII)

ETL-Prozess und deshalb entstehen hierbei keine Transformations- und Übertragungs-fehler. Dementsprechend ist die Datenqualität bei In-Memory Datenbanken höher.

Eine wichtige Einsatzmöglichkeit der In-Memory Technologie ist das Controlling eines Unternehmens. Aufgrund der schnelleren Datenbereitstellung können Kennzahlen rascher abgerufen werden und Berichte stehen zeitnah zur Verfügung. Ein weiterer Nutzen zeich-net sich für das Management eines Unternehmens ab. Die Manager können mithilfe aktu-eller Live-Daten Entscheidungen treffen und Simulationen durchführen. Eine Einführung eines solchen In-Memory Systems ist jedoch mit einem hohen Aufwand verbunden, da viele Anpassungen in den operativen Systemen nötig sind. Des Weiteren muss die IT-Architektur des Unternehmens bereits auf eine 64-bit Infrastruktur umgestellt sein. Des-halb empfiehlt Matt (2012, S. 230) die Einführung nur bei einer hohen Anzahl an zeitlich kritischen Prozessen und Systemen.

2.2 Säulen der In-Memory Technologie nach Plattner und Erläuterung der SanssouciDB

Mit In-Memory Datenmanagement (IMDM) werden verschiedene Technologien verstan-den. Die Abbildung 2.1 verdeutlicht die einzelnen Technologien, die mit IMDM in Ver-bindung gebracht werden. So stehen die Daten im Zentrum der Technologie und die In-Memory Datenbank soll als einzige Quelle der Wahrheit (single source of truth) im Unter-nehmen gelten. Die Daten können analysiert (Analyze) werden und sie stehen für Vorher-sagen (Predict) zur Verfügung. Auch werden sie für die Ausführung der Geschäftsprozesse verwendet (Execute). Sie stehen demnach sowohl für analytische als auch für transaktio-nale Systeme zur Verfügung beziehungsweise werden mithilfe dieser Systeme erzeugt. Die genannten Systeme können real-time auf die Daten zugreifen, da hier kein aufwändiger ETL-Prozess notwendig ist.

Die vier zentralen Säulen werden im Folgenden genauer erläutert:

- **Multi-Core CPUs** Heutzutage werden nach Plattner (2014, S. 118) Serversysteme mit mehreren CPUs hergestellt, die wiederum mehrere Kerne haben (sog. Mehrkernprozessor). Dadurch können Prozesse (z.b. Datenbankabfragen) parallelisiert und die Performance erheblich gesteigert werden.

- **In-Memory** Der Unterschied zu traditionellen Datenbanksystemen ist die Speicherung der Daten im Hauptspeicher. Nur aus Datensicherungsgründen werden Kopien der Daten auf einer Festplatte benötigt.

- **Column and Row Store** Nach Plattner (2012, S. XXXII) werden die Daten in spalten- und reihenbasierten Speicherstrukturen vorgehalten. Die Verknüpfung dieser unterschiedlichen Strukturen wird als hybride Struktur bezeichnet und die Unterschiede werden in Kapitel 2.3 erläutert.

- **Insert-Only** Es werden nur Daten hinzugefügt und bei Änderungen oder Löschungen nur Kopien der Datensätze eingefügt. Dieser Ansatz kann nach Plattner (2012, S. 123f.) durch zwei Wege umgesetzt werden. Entweder werden nur die Unterschiede von dem neuen zu dem alten Datensatz gespeichert oder es wird der komplette Datensatz ein zweites Mal gespeichert und der alte Datensatz wird als ungültig markiert.

In der Literatur wird vor allem die Verbindung von spalten- und reihenbasierten Speicherstrukturen kontrovers diskutiert. Aus diesem Grund wird in Kapitel 3 ein anderer Ansatz vorgestellt, der sich von dem In-Memory Verständnis nach Plattner und Zeier unterscheidet.

Im Nachfolgenden wird anhand der Sansoussi-Datenbank der Aufbau einer In-Memory Datenbank erläutert. Die SansoussiDB ist am Hasso-Plattner-Institut entwickelt worden und stellt die Grundlage für SAP HANA dar. Die Datenbank, die in der Abbildung 2.2 aufgeführt ist, kann nach Plattner (2014, S. 33) in drei Schichten eingeteilt werden. So ist die erste Schicht (Distribution layer at Server) für die Kommunikation mit den Anwendungen zuständig. Sie führt Anfragen aus, speichert die Metadaten und kontrolliert die Datenbankanfragen.

In der zweiten Schicht ist die eigentliche Datenhaltung (main store) aufgeführt. Im Hauptspeicher werden die Daten entweder zeilenweise, spaltenweise oder in der hybriden Speicherstruktur, auf die im nächsten Kapitel genauer eingegangen wird, gespeichert. Dieser Hauptspeicher ist nach Plattner (2014, S. 167) für Leseoperationen optimiert und bietet so bei Analysen einen schnellen Zugriff auf die Daten. Jedoch würde bei größeren Einfüge- oder Änderungsoperationen dieser zu stark überlastet werden, sodass eine zusätzliche Datenhaltung (differential buffer oder delta store) enthalten ist. Nach Plattner (2014, S. 167) werden hier alle Einfüge-, Änderungs- und Löschoperationen durchgeführt, indem der Datensatz in den Delta Store kopiert wird. Der Delta Store wird regelmäßig mit

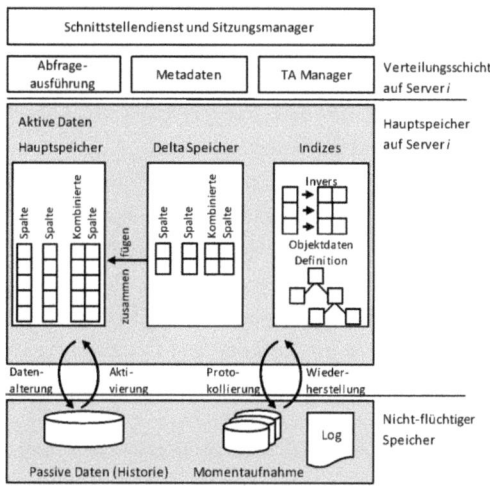

Abb. 2.2: Architektur der Sanssouci Datenbank (Plattner (2014, S. 35)

dem Main Store zusammengeführt und die Änderungen werden wirksam. Jedoch muss bei Leseoperationen sowohl im Main Store als auch im Delta Store gesucht werden, da es noch nicht zusammengeführte Änderungen geben kann. Um definieren zu können, welcher der redundanten Datensätze korrekt ist, wird der Datensatz im Main Store bei einer Einfüge-, Änderungs- oder Löschanfrage als ungültig markiert. Somit kann der geänderte Datensatz ohne Probleme einfach aus dem Delta Store in den Main Store verschoben werden. Neben dem Main Store und dem Delta Store werden in dieser Schicht auch noch die Indizes gespeichert, die für einen performanteren Zugriff auf die Daten sorgen sollen.

Damit beispielsweise bei Stromausfall die Daten im flüchtigen Hauptspeicher jederzeit wiederhergestellt werden können, gibt es zusätzlich einen nicht-flüchtigen Speicher in der dritten Schicht. Hier werden passive Daten, die selten benötigt werden, auf SSDs oder Festplatten gespeichert. Die Auslagerung hat nach Plattner (2012, S. 93) den Vorteil, dass nur die Daten, die wirklich benötigt werden, auch aktiv im Main Store vorgehalten werden und der aktive Speicher nicht zu groß wird. Außerdem finden weitere Sicherheitsmechanismen statt. Es werden Logs geschrieben und sogenannte Snapshots der Datenbank aufbewahrt, um jederzeit den aktuellen Stand der Datenbank wiederherstellen zu können.

2.3 Reihenbasierte Speicherungsstruktur (OLTP) versus Spaltenbasierte Speicherungsstruktur (OLAP)

Der OLTP-Ansatz geht meist von einer Datenquelle aus und das System verwendet zeitnahe Daten, die in der Größenordnung von Megabyte bis Gigabyte vorhanden sind (vgl.

Humm und Wietek (2005, S. 5)). Meist erfolgt ein Zugriff auf einzelne oder wenige Datensätze. Die Daten sind oftmals aktuell und auf einem niedrigen Detaillierungsgrad und sollen das operative Geschäft unterstützen. Ein Beispiel ist das Anlegen eines Kunden im ERP-System. Dieser Ansatz wird nach Plattner (2014, S. 61) in der Regel mit einer reihenbasierten Speicherungsstruktur kombiniert.

Der OLAP-Ansatz ist nach Farkisch (2011, S. 51ff.) analyseorientierter und nutzt mehrere Datenquellen. Die Daten werden von anderen Datenbanksystemen integriert und liegen abgeleitet vor. Die Daten werden konsolidiert und sind über eine längere Zeit verfügbar. Da sie nicht gelöscht werden, sammelt sich Datenmaterial im Umfang von Gigabyte bis Petabyte im Laufe der Jahre an. Dieser Ansatz wird meist im Data Warehouse benötigt, da hier die Daten für Analysen und Entscheidungen aufbereitet und in verdichteter Form vorliegen. Ein Mitarbeiter will beispielsweise wissen, welche Kunden welche Produkte in welchem Land bevorzugt kaufen. Die Anfrage kann durch eine multidimensionale Abfrage mithilfe des OLAP-Ansatzes in einem analytischen System bearbeitet werden. Hierbei stehen vor allem Lese- und Einfügeoperationen im Vordergrund, da hier keine Daten geändert oder gelöscht werden. Nach Plattner (2014, S. 61) wird dieser Ansatz mit einer spaltenbasierten Speicherungsstruktur kombiniert.

Beide Ansätze sind als sehr verschieden betrachtet worden und sind deshalb mithilfe von zwei unterschiedlichen Arten von Softwaresystemen umgesetzt worden. So wird der OLTP-Ansatz in operativen Systemen verwendet, während der OLAP-Ansatz in analyseorientierten Systemen wie einem Data Warehouse angewandt wird. Jedoch konnten Krüger (2012, S. 62f.) feststellen, dass bei einer OLTP-basierten Datenbank nicht, wie meist angenommen wird, schreibende Tätigkeiten im Vordergrund stehen. Sondern der Workload ist in den beiden Speicherstrukturen OLAP und OLTP vergleichbar (siehe Abbildung 2.3). Der Leseanteil bei OLTP ist bei über 80 Prozent, während er bei OLAP-Systemen über 90 Prozent ist. Hier unterscheiden sich beide Ansätze nur darin, dass bei OLAP öfters größere Bereichs- und Tabellenanfragen und bei OLTP einfachere Leseanfragen bearbeitet werden. Schreibanfragen werden zu 17 Prozent bei OLTP und zu sieben Prozent bei OLAP bearbeitet.

Diese Untersuchung zeigt, dass OLAP und OLTP nicht so verschieden sind, wie in der Literatur oft angenommen wird und dies die Frage aufwirft, ob sich operative Systeme und analytische System nicht ähnlicher sind als gedacht. Der OLAP-Ansatz wird mit einer spaltenbasierten Speicherung umgesetzt, während der OLTP-Ansatz mit zeilenbasierten Speicherstrukturen arbeitet. Die Art der Speicherung hat natürlich auch Konsequenzen für die Datenbankabfragen. Im Folgenden werden die Möglichkeiten der Speicherung mithilfe der Beispieltabelle 2.1 in Anlehnung an Plattner (2014, S. 61) erläutert.

Die zeilenbasierte Speicherung lautet „1, Hans, Müller; 2, Lisa, Huber; 3, Maria, Meier". Hierbei liegt der Vorteil darin, dass Änderungen an einem Datensatz leicht durch-

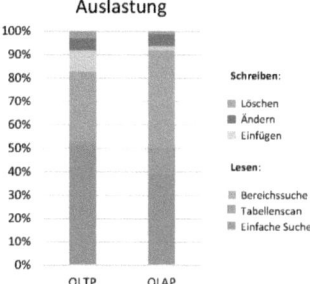

Abb. 2.3: Verteilung der Anfragearten bei OLAP und OLTP (in Anlehnung an Krüger (2012, S. 35)

Nummer	Vorname	Nachname
1	Hans	Müller
2	Lisa	Huber
3	Maria	Meier

Tab. 2.1: Demonstration der Unterschiede von Speicherarten

geführt werden können, da nur der Schlüssel (hier die Nummer) gesucht werden muss, und sogleich Änderungen an den Daten durchgeführt werden können. Ferner kann ein neuer Datensatz schnell hinzugefügt werden, da dieser nur nach dem letzten Datensatz am Ende angefügt wird.

Die spaltenbasierte Speicherung lautet „1, 2, 3; Hans, Lisa, Maria; Müller, Huber, Meier". Bei dem Lesen vieler Zeilen einer oder weniger Spalten ist die Speicherart besonders vorteilhaft, da die Zeilen einer Spalte nacheinander gelesen werden können. Beispielsweise können hier Beträge sehr einfach aufsummiert werden.

Zusammenfassend kann nicht eine Speicherart präferiert werden, da es auf die Datenbankanfrage ankommt, welche der beiden schneller ausgeführt werden kann. Bei der zeilenbasierten Speicherung sind zeilenbasierte Zugriffe (z. B. einen Datensatz lesen) besser, da hier die Daten direkt nebeneinander stehen. Bei der spaltenbasierten Speicherung hat der spaltenbasierte Zugriff (z.B. Lesen einer Spalte über alle Zeilen) eine bessere Performanz, da hier die Werte einer Spalte hintereinander gespeichert sind.

3 Ablösung der OLTP-basierten Datenbanken

Nachdem in Kapitel 2 die Begriffe In-Memory, OLAP und OLTP erläutert worden sind, soll nun im Folgenden darauf eingegangen werden, ob OLAP-basierte In-Memory Datenbanken mit der spaltenbasierten Speicherung auch in operativen, transaktionalen Systemen eingesetzt werden können. Des Weiteren wird diskutiert, ob es zukünftig nur noch eine Speicherstruktur geben muss und damit auch die operationale mit der analytischen Welt verknüpft werden kann. Die Erläuterungen werden anhand von zwei unterschiedlichen Herangehensweisen durchgeführt. Zum einen wird geprüft, ob auf OLTP komplett verzichtet und OLAP als alleiniger Ansatz eingesetzt werden kann. Zum anderen wird untersucht, ob eine Verknüpfung der beiden Ansätze sinnvoll ist und ein Einsatz dieser hybriden Struktur einen Mehrwert bringt. Am Ende werden diese beiden Möglichkeiten verglichen und es wird eine Empfehlung ausgesprochen.

Für die Untersuchung wird auf eine Marktstudie der Beratungsgesellschaft areto consulting GmbH zurückgegriffen (vgl. Mense (2015)). In dieser umfassenden Marktstudie werden die größten Anbieter von In-Memory Datenbanken, darunter SAP, Oracle, IBM etc., untersucht. Den Herstellern ist unter anderem auch die Frage gestellt worden, wie die Daten im Hauptspeicher und in der persistenten Speicherung gehalten werden. So werden bei drei der untersuchten Datenbanken die Daten in einer reihenbasierten Form gespeichert, während bei zwei Anbietern (EXASOL und TIBCO) ausschließlich die spaltenbasierte Form möglich ist. In den anderen sechs Datenbanken ist beides möglich und meist hat der Anwender auch die Wahl zwischen zeilen- und spaltenbasierter oder der hybriden Speicherform. Die Angaben beziehen sich auf beide Speichermedien, weil es keine Unterschiede zwischen Hauptspeicher und Festplatte / SSD bei den einzelnen Herstellern gibt.

3.1 Exklusiver Einsatz von OLAP-basierten In-Memory Datenbanken

Es soll nun untersucht werden, ob eine Speicherstruktur genügt, um Daten in einem In-Memory System zu speichern, zu ändern und darauf Analysen zu betreiben. Es gibt hierfür nicht sehr viele Anbieter, die eine exklusive Strategie haben, da beispielsweise Oracle (mit Oracle Database 12c) und SAP (mit SAP HANA) auf eine Verbindung von spalten- und reihenbasierten Strukturen setzen. So ist auch in der oben genannten Studie der deutsche Spezialist für Datenbankmanagementsysteme EXASOL einer der wenigen, die eine reine OLAP-basierte In-Memory Datenbank anbieten. Es gibt beispielsweise bei Oracle noch die Kombination von einer OLTP-basierten In-Memory Datenbank (Oracle Times-Ten In- Memory Database for Exalytics) und der zugehörigen OLAP-basierten Oracle Exalytics In-Memory-Machine. Jedoch ist Exalytics nur ein zusätzliches System, das weiterhin OLTP-basierte Vorsysteme und ein Data Warehouse als Datenlieferanten benötigt und ausschließlich für die Auswertung und Analyse der Daten von Nutzen ist (vgl. Weiss (2012, o.S.)).[1]

Im Folgenden soll nun untersucht[2] werden, ob der OLTP-Ansatz gänzlich durch den Einsatz einer OLAP-basierten In-Memory Datenbank, die sich durch eine spaltenbasierte Speicherung auszeichnet, ersetzt werden kann. Für diese Untersuchung wird die Funktionalität der In-Memory Datenbank von EXASOL untersucht. Diese spaltenbasierte In-Memory Datenbank wird ausgewählt, da sie eine der ersten ihrer Art war, als sie vor mehr als 15 Jahren veröffentlicht worden ist.

Nachdem EXASOL sich auf die spaltenbasierte Speicherung fokussiert, werden vor allem OLAP-Funktionalitäten wie etwa Gruppierungen oder Joins besonders unterstützt. Grundsätzlich bedingt die Art der Datenbankabfrage den Einsatz einer spalten- oder zeilenbasierten Speicherung (siehe Kapitel 2.3). Jedoch muss diese Faustregel in Zeiten von In-Memory nochmals überprüft werden, da beispielsweise EXASOL auch verschiedenste Möglichkeiten anbietet, um typische OLTP-Funktionalitäten abzudecken. Es werden etwa Anfragen in einem Cache gespeichert, um sie schneller mehrmals auszuführen. Es können nicht nur Business Intelligence (BI) Dashboards schneller mit aktuellen Daten gefüllt werden (klassisch OLAP), sondern auch die Darstellung einfacher Listen aus der gleichen Datentabelle (klassisch OLTP) ist schneller möglich..

Außerdem nutzt EXASOL drei zentrale Funktionen, um Anfragen schneller auführen zu können. Zum einen werden Daten komprimiert (mit Data Dictionary Compression), um alle Daten im Hauptspeicher halten zu können. Zudem werden Daten (v.a. kleinere Tabellen) mehrmals gespeichert, um Joins zu vermeiden. Der Grund hierfür liegt darin, dass das System Attribute, die öfters gemeinsam abgefragt werden, in einer Tabelle zusammen abspeichert. Des Weiteren wird versucht, vorherzusagen, welche Daten benötigt werden, um diese bereits im RAM oder im Cache vorzuhalten. Die Funktionen sollen vor allem klassische OLAP-Funktionalitäten wie beispielsweise GROUP BY unterstützen. Ferner profitieren nicht nur diese davon, auch Datenmanipulationen als klassische OLTP-Funktionalität können damit performanter ausgeführt werden. So ist die EXASOL Datenbank darauf eingerichtet und ist zudem ACID-konform.

Änderungen an den Daten führen nicht automatisch zu einer Neuorganisation der Datenbank (z.B. Aufbau von Indizes), sondern diese wird erst durchgeführt, wenn die Last gerade gering ist. Vorerst werden beispielsweise nur die zu löschenden Daten als gelöscht markiert. Bei dem Einfügen weniger Daten werden fortlaufende Indizes verwendet und nur diese werden in die Tabelle eingefügt. Alle anderen Daten des neuen Datensatzes werden in einer Art Cache für die eigentliche Tabelle gespeichert. Änderungen an den Daten

---

[1]Für weitere Informationen hierzu sei auf Murthy (2014) verwiesen.
[2]Die Untersuchungen stützen sich vor allem auf Publikationen des Unternehmens (vgl. EXASOL (2014a) und EXASOL (2014b)). Für genauere Informationen zu dieser Technologie sei darauf verwiesen.

werden direkt an den Daten ausgeführt. Laut Hersteller ist dieses Vorgehen schneller, als den Umweg über ein Delete und ein Insert der neuen Daten zu gehen. Hierbei wird deutlich, dass EXASOL auch technische Möglichkeiten anbietet, um klassische OLTP-Funktionalitäten abzudecken. Jedoch wird bei der Produktdarstellung betont, dass eine spaltenorientierte Speicherung Nachteile bei manchen OLTP-basierten Funktionen hat (vgl. EXASOL (2014a, S. 12)). Vor allem das Laden von kleinen Datenmengen, wie es bei der Anzeige und Anpassung der Daten beispielsweise in ERP-Systemen üblich ist, wird nicht gut unterstützt. Das bedeutet, dass EXASOL zwar OLTP-fähig ist, aber diese Datenbanken nicht ablösen kann. Hierfür gibt Plattner (2012, S. 72f.) ein anschauliches Beispiel. Bei dem klassischen Laden eines Datensatzes (SELECT * FROM table WHERE a4 = ?) in einer reihenbasierten Struktur wird eine Zeile in dem Cache benötigt und alle anderen müssen erst gar nicht geladen werden. Bei der spaltenbasierten Struktur müssen alle Zeilen geladen werden, da die Daten eines Datensatzes in einer Spalte über alle Zeilen hinweg gespeichert worden sind. Daraus resultiert ein Mehraufwand und einen Performanzverlust bei der spaltenbasierten Speicherung. Deshalb ist es für EXASOL und andere spaltenbasierten In-Memory Datenbanken trotz jeglicher Bemühungen schwerer solche transaktionale Funktionen performant zu unterstützen.

3.2 Verwendung einer hybriden Struktur

Aufbauend auf der Feststellung, dass eine reine spaltenbasierte Speicherung die OLTP-Funktionen nur unzureichend abdeckt, wird in diesem Kapitel untersucht, ob eine Kombination aus spalten- und reihenbasierter Speicherung die reine reihenbasierte Lösung ablösen kann. Hierfür wird die Umsetzung bei der SAP HANA Datenbank untersucht. Diese Datenbank hat ihren Ursprung in der Sanssouci Datenbank (siehe Kapitel 2.2).

Eine Verbindung von spalten- und reihenbasierter Speicherung wird als hybride Struktur bezeichnet, welche auf zwei Arten umgesetzt werden kann. Zum einen kann sie bis auf Spaltenebene hinunter angewandt werden. Die hybride Struktur auf Spaltenebene soll an der Beispieltabelle 3.1 in Anlehnung an Plattner (2014, S. 63) verdeutlicht werden.

Nummer	Vorname	Nachname	Herkunftsland	Stadt
1	Hans	Müller	Deutschland	Sydney
2	Lisa	Huber	Italien	Berlin
3	Maria	Meier	Schweden	Washington

Tab. 3.1: Demonstration einer hybriden Speicherstruktur

Die Angaben zu Nummer, Vorname und Nachname werden häufig zusammen abgefragt. Deshalb werden diese auch physikalisch zusammen gespeichert. Es bietet sich die reihenbasierte Speicherung an, weil die drei Daten zu einer Person zusammen abgefragt werden. Die Daten zu Herkunftsland und Stadt werden spaltenbasiert gespeichert, da diese weniger häufig benötigt werden und eher für Auswertungen und Analysyen benötigt werden. Anhand dieser Angaben sieht die hybride Speicherung folgendermaßen aus: „1, Hans, Müller; 2, Lisa, Huber; 3, Maria, Meier; Deutschland, Italien, Schweden; Sydney, Berlin, Washington". Die Speicherung ist für die genannt Anforderung optimal und es können darauf performante Abfragen ausgeführt werden.

Bei SAP HANA ist jedoch eine andere Art der hybriden Speicherung implementiert, da eine Vermischung der Speicherstrukturen zu geringeren Optimierungsmöglichkeiten führt. Deshalb kann nicht innerhalb einer Tabelle zwischen Spalten und Reihen gewechselt werden, sondern die komplette Tabelle wird entweder spalten- oder reihenbasiert gespeichert. Nach Färber (2010, S. 82) ermöglicht jedoch die In-Memory Technologie von SAP eine Änderung dieser Struktur und kann somit anwendungsspezifisch die Daten organisieren. Es können auch Abfragen über die unterschiedlichen Speicherbereiche (Engines) hinweg durchgeführt werden, jedoch ist dies sehr zeitaufwändig. Somit wird mit einem Plan Generator versucht, diese Cross-Engine Operationen mithilfe von Zwischenergebnissen möglichst gering zu halten. Die Schreibzugriffe werden je nach Speicherstruktur unterschiedlich durchgeführt. Nach Färber (2010, S. 85) werden bei der zeilenbasierten Speicherung die Daten im Hauptspeicher geändert und zusätzlich werden Logdateien, die in persistenten Speichermedien liegen, geschrieben. Bei der spaltenbasierten Speicherung muss nach Färber (2010, S. 85) anders verfahren werden, weil diese lese- statt schreiboptimiert ist. Hier werden keine Daten direkt in den Tabellen geändert oder hinzugefügt, sondern die Schreiboperationen werden in den schreiboptimierten Delta Tabellen durchgeführt. Für diese Delta Tabellen werden Redo Logs geführt, um eine Ausfallsicherheit zu gewährleisten. Die Delta Tabellen werden mithilfe von Delta Merges mit den Haupttabellen zusammengeführt. Dieser Schritt ist nötig, da zwar eine Konsistenztechnik (Consistency View Manager) bei Leseoperationen für eine konsistente Sicht zwischen der Haupttabelle und der Delta Tabelle sorgt, jedoch ist die Delta Tabelle schreib- statt leseoptimiert. Somit ist es nötig, die geänderten Daten in den Delta Tabellen möglichst schnell in die Haupttabelle zurück zu schreiben, um Leseoperationen schnell ausführen zu können.

Damit die Daten schneller zur Verfügung stehen, müssen viele Daten im Hauptspeicher gehalten werden können. Durch Kompressionsalgorithmen, die bei spaltenweiser Speicherung möglich sind, wird das ermöglicht. Im Folgenden wird eine Technik vorgestellt, die auch bei EXASOL genutzt wird (vgl. EXASOL (2014a, S. 13)). Erläuterungen werden anhand der Tabelle 3.2 in Anlehnung an Plattner und Leukert (2015, S. 22ff.) vorgenommen. Plattner und Leukert haben ihre Untersuchungen mithilfe der Weltbevölkerung durchgeführt und konnten belegen, dass bei Vornamen und Nachnamen eine Kompression mit einem Data Dictionary um Faktor 17, bei dem Land sogar um Faktor 47 möglich ist. Nur bei Angaben zum Geburtstag und anderen Zeitangaben ist eine geringere Kompression möglich, sodass sich eine typische Datenbank um Faktor fünf reduzieren lässt. Im Folgenden wird der Data Dictionary Algorithmus anhand der gegebenen Beispieldaten skizziert. So werden für die Daten sogenannte Datenlexika (Data Dictionaries) angelegt (siehe Beispielspalte Land in der Tabelle 3.3).

Nummer	Vorname	Nachname	Land	Geburtstag
1	Hans	Müller	Deutschland	01.02.1980
2	Lisa	Huber	Italien	08.12.1986
3	Maria	Meier	Schweden	08.11.1977
4	Martha	Huber	Frankreich	08.12.1990
5	Melanie	Meier	Schweden	09.11.1981
6	Inge	Sommer	Deutschland	21.12.1987
7	Andreas	Bachhuber	Mexiko	10.01.1979

Tab. 3.2: Demonstration des Data Dictionary

ID	Land
1000	Deutschland
1001	Italien
1002	Schweden
1003	Frankreich
1004	Mexiko

Tab. 3.3: Datenlexikon für die Spalte Land

Unter der Annahme, dass mit Vorname und Nachname ebenso verfahren wird, ist das Ergebnis in der Tabelle 3.4 gezeigt. Der Grund für diese Kompression ist, dass längere Daten wie beispielsweise Texte durch kurze Zahlen abgebildet werden können. Der Effekt wird dadurch verstärkt, dass Werte, die sich wiederholen, nur einmal im Dictionary abgespeichert werden müssen (im Beispiel: Huber, Meier, Deutschland, Schweden). Resultierend können Spalteneinträge wie Zeitangaben, die geringere Wiederholungen aufweisen, weniger gut komprimiert werden.

Nummer	Vorname	Nachname	Land	Geburtstag
1 `	10	100	1000	01.02.1980
2	11	101	1001	08.12.1986
3	12	102	1002	08.11.1977
4	13	101	1003	08.12.1990
5	14	102	1002	09.11.1981
6	15	103	1000	21.12.1987
7	16	104	1004	10.01.1979

Tab. 3.4: Komprimierte Tabelle unter Anwendung des Data Dictionary Algorithmus

Der gezeigte Kompressionsalgorithmus ist nach Plattner (2014, S. 62) sowohl für reihenbasierte als auch für spaltenbasierte Speicherung möglich. Jedoch werden bei SAP auch spezielle Kompressionsvarianten verwendet, die nur bei spaltenbasierter Speicherung möglich sind (z.b. Run-Length Encoding). Der Kompressionsalgorithmus ist jedoch erst nach der Verwendung des Data Dictionaries möglich, weshalb dieser als Einstieg erläutert wird. Bei der Lauflängen-Verschlüsselung werden im genannten Beispiel die Daten, die spaltenweise gespeichert sind, in der Spalte Land nach den einzelnen Ländern sortiert und anschließend wird nur gespeichert, an welcher Position welche Land-ID beginnt.[3]

3.3 Bewertung dieser Einsatzmöglichkeiten

Nachdem nun die beiden Möglichkeiten kurz erläutert worden sind, wird nun eine abschließende Bewertung der Möglichkeiten vorgenommen und eine Antwort auf die Frage, ob eine reine reihenbasierte Speicherung durch die Speicherung in Spalten oder durch eine hybride Struktur abgelöst werden kann, gefunden. Um diese Frage beantworten zu können, ist gezeigt worden, wie transaktionale Operationen in EXASOL und SAP HANA ausgeführt werden können. So bietet auch die, auf eine spaltenbasierte Speicherung orientierte In-Memory Datenbank EXASOL technische Möglichkeiten an, transaktionale Operationen mit einer guten Performanz durchzuführen. So werden verschieden Kompressionsalgorithmen verwendet und die Datenmanipulation wird mithilfe geeigneter Methoden unterstützt. Jedoch ist die Datenbank für die analytischen Funktionen ausgelegt und eine Ablösung von OLTP-basierten Datenbanken ist hier nicht das Ziel. Anders sieht es jedoch bei SAP HANA aus. Aufgrund des hybriden Ansatzes wird hier deutlich auf die Ablösung der rein reihenbasierten Datenbanken gezielt. Aus diesem Grund werden nicht nur Funktionalitäten eingebaut, die die Analyse der Daten beschleunigt, sondern es wird auch darauf geachtet, dass Daten performant eingefügt, bearbeitet und gelöscht werden können.

Um zu einer abschließenden Bewertung der Fragestellung zu kommen, werden nun typische transaktionale Datenbankoperationen nach Humm und Wietek (2005, S. 5) aufgelistet und eine Einschätzung vorgenommen, ob diese mit der Lösung abgedeckt werden können oder diese nur unzureichend erfüllt sind.(vgl. Tabelle 3.5). Die Bewertung wird anhand einer Punkteskala (1=unzureichend, 2=erfüllt, 3=gut erfüllt) durchgeführt. Eine genaue Begründung der Einschätzung befindet sich im Anhang.

Somit kommt die Lösung von EXASOL auf 14 und SAP HANA auf 19 Punkte. Resultierend unterstützt SAP HANA mit den implementierten Technologien die transaktionalen Operationen besser und kann somit eine Ablösung der OLTP-basierten Datenbanken ermöglichen. Eine wichtige Überlegung ist jedoch bei SAP HANA die Art der Speicherung bei der Neuanlage von Daten, weil sonst zeitaufwändige Speicherumstrukturierungen nötig sind. Diese These wird anhand von Forschungsmeinungen validiert. So haben Wessel u. a.

---

[3]Die Reihenfolge wäre '1000, 1001, 1002, 1003, 1004'. Unter der fiktiven Annahme von einem MB pro Eintrag würden hier nur noch die IDs zusammen mit '0, 2, 3, 5, 6' gespeichert werden.

Datenbankoperation	EXASOL	SAP HANA
Anlegen	3	3
Lesen	3	3
Ändern	1	3
Löschen	2	3
satzorientiert	1	2
vordefiniert	3	3
wenige Daten je Transaktion	1	2

Tab. 3.5: Bewertung der vorgestellten Lösungen EXASOL und SAP HANA

(2013, S. 1787f.) die Auswirkungen von In-Memory Datenmanagement auf Geschäftsprozesse im Business Intelligence Bereich untersucht und Thesen aufgestellt, die sie anhand von Literaturstudien widerlegen oder unterstützen. Insbesondere haben sie die Frage gestellt, ob mithilfe des In-Memory Datenmanagements OLAP- und OLTP-Systeme langfristig integriert werden können. Von den 15 untersuchten Veröffentlichungen sind acht der Ansicht, dass OLAP- und OLTP-Systeme integrierbar sind und somit rein zeilenbasierte Systeme der Vergangenheit angehören. Sechs Veröffentlichungen sind neutral gewertet worden und verweisen auf einen Forschungsbedarf. Beispielsweise wird Strohmeier[4] zitiert, der davon ausgeht, dass noch Forschungsbedarf zu Möglichkeiten der operativen Entscheidungsunterstützung besteht, da Analysen bisher eher bei taktischen Überlegungen eine Rolle spielen und es hier noch Konzepte bedarf. Nur eine der untersuchten Veröffentlichungen (vgl. Stonebraker (2011)) geht davon aus, dass OLTP und OLAP unvereinbar sind, weil sie für ganz unterschiedliche Tätigkeiten verwendet werden. Somit sind sie nicht mit einem System abdeckbar. Mit dieser Untersuchung kann festgestellt werden, dass sich die Mehrheit der Wissenschaftler bereits 2013 für eine Verknüpfung von transaktionalen und analytischen Systemen ausgesprochen haben, weil hierbei die Vorteile überwiegen. Aufgrund des seitdem vollzogenen technischen Fortschritts und der entwickelten hybriden In-Memory Lösungen von SAP und anderen Unternehmen wird sich dieser Eindruck noch verstärkt haben.

---

[4]vgl. Strohmeier (2012)

4 Fazit und Ausblick

Zu Beginn der Arbeit ist die Frage gestellt worden, ob die transaktionalen Systeme in Zeiten von In-Memory durch rein analytische oder hybride Systeme abgelöst werden können. Basierend auf den Untersuchungen konnte gezeigt werden, dass insbesondere die hybriden Speicherstrukturen bei SAP HANA auch die transaktionalen Prozesse gut unterstützt. Das untersuchte analytische System EXASOL kann diese Funktionen nicht oder nur in begrenztem Maße leisten, weshalb es für diese Fragestellung nicht geeignet ist. Des Weiteren ist bei der Literaturrecherche keine OLAP-basierte Datenbank gefunden worden, die eine Ablösung OLTP-basierter Systeme unterstützt. Zudem wird dieser Aspekt bisher in der Literatur kaum diskutiert, wodurch hier auf Informationen des Herstellers zurückgegriffen werden muss. Nur die hybriden Systeme wie SAP HANA oder die In-Memory Option der Oracle 12c Datenbank haben das Ziel, beide Welten zu verbinden.

Nach Dubsky (2016, o.S.) scheint SAP HANA guten Anklang bei den Unternehmen zu finden, weil laut Dubsky (2016, o.S.) bereits mehr als 2700 Kunden auf SAP HANA umgestiegen sind. Dies trägt zudem für das große Umsatzwachstum von SAP im Jahr 2015 bei. Nun wird es die Aufgabe von SAP und dessen Kunden sein, die Anwendungen anzupassen, damit die vollen Vorteile von SAP HANA genutzt werden können. Es müssen beispielsweise Reportfunktionen oder Ad-hoc-Analysen eingebaut werden, um das Potential der neuen Speicherstruktur ausschöpfen zu können. Nach Plattner und Leukert (2015, S. 90f.) wird es in Zukunft eine Vereinigung der derzeit getrennten Systeme ERP, SCM, SRM und PLM geben. Diese können auf der neuen Plattform SAP S/4 HANA, deren Basis die In-Memory Datenbank HANA ist, zu einem System vereinigt werden, um so Datensynchronisationen und Kommunikation zwischen den Systemen zu vermeiden. Die Verbindung der Systeme ist laut Plattner und Leukert (2015, S. 90) möglich, da nun die Gründe für die Separation (v.a.Performanz) der Systeme überholt sind. Jedoch wird es nach Knabke und Olbrich (2016, S. 195ff.) weiterhin ein Data Warehouse geben. Es wird jedoch semi-virtuell sein und die Hauptaufgabe davon wird sein, die nicht-In-Memory Datenbanken mit den In-Memory Datenquellen zu verknüpfen und Analysen auf die gesamten Daten eines Unternehmens zu ermöglichen.

A   Anhang

A.1   Tabelle für die Bewertung von EXASOL

Datenbankoperation	EXASOL	Begründung
Anlegen	3	beim Anlegen werden nur Indizes für den Datensatz eingefügt, restliche Daten separat in Cache gespeichert
Lesen	3	optimiert, weil klassische OLAP-Funktionalität
Ändern	1	Änderungen werden im Hauptspeicher durchgeführt
Löschen	2	Daten werden als gelöscht vorgemerkt, bei geringer Last werden Daten gelöscht
Satzorientiert	1	eher für große Datenmengen optimiert
Vordefiniert	3	mithilfe von Skriptsprachen werden Funktionen vordefiniert
Wenige Daten je Transaktion	1	für große Datenmengen optimiert

Tab. A.1: Begründete Bewertung der vorgestellten Lösung EXASOL

A.2   Tabelle für die Bewertung von SAP HANA

Datenbankoperation	SAP HANA	Begründung
Anlegen	3	Optimiert für einzelne Speicherart (spalten- und reihenbasiert)
Lesen	3	optimiert (Consistency View Manager)
Ändern	3	für beide Speicherarten jeweils optimiert
Löschen	3	für beide Speicherarten jeweils optimiert
Satzorientiert	2	Zugriffe sind auf wenigen Daten gut umgesetzt, aber Auswahl der Speicherart zentral, da sonst Speicherumstrukturierungen nötig
Vordefiniert	3	mithilfe von Skriptsprachen werden Funktionen vordefiniert
Wenige Daten je Transaktion	2	Zugriffe sind gut umgesetzt, jedoch evtl. Speicherumstrukturierungen

Tab. A.2: Begründete Bewertung der vorgestellten Lösung SAP HANA

Literaturverzeichnis

[Dubsky 2016]   DUBSKY, Daniel: *Kräftiger Umsatzanstieg bei SAP.* Januar 2016. –
URL http://www.crn.de/software-services/artikel-109023.html. – Zugriffsdatum: 05.02.2016

[EXASOL 2014a]   EXASOL: *A Drill-Down into EXASOL. Technical Whitepaper.* 2014.
– URL http://info.exasol.com/technisches-whitepaper-exasol-2.html. – Zugriffsdatum: 02.02.2016

[EXASOL 2014b]   EXASOL: *A peek under the hood. Technical Whitepaper.* 2014.
– URL http://info.exasol.com/technisches-whitepaper-exasol-1.html. – Zugriffsdatum: 02.02.2016

[Farkisch 2011]   FARKISCH, Kiumars: *Data-Warehouse-Systeme kompakt. Aufbau, Architektur, Grundfunktionen.* Berlin, Heidelberg : Springer, 2011

[Färber 2010]   FÄRBER, Franz et. a.: Hybride Datenbankarchitekturen am Beispiel der
neuen SAP In-Memory-Technologie. In: *Datenbank-Spektrum* 10 (2010), Nr. 2, S. 81–92

[Humm und Wietek 2005]   HUMM, Bernhard ; WIETEK, Frank: Architektur von Data
Warehouses und Business Intelligence Systemen. In: *Informatik Spektrum* 1 (2005),
S. 3–14

[Knabke und Olbrich 2016]   KNABKE, Tobias ; OLBRICH, Sebastian: *Analytische Infor-
mationssysteme. Business Intelligence-Technologien und -Anwendungen.* Bd. 5. Kap.
Grundlagen und Einsatzpotentiale von In- Memory-Datenbanken, S. 187–203, Springer
Gabler, 2016

[Krüger 2012]   KRÜGER, Jens et. a.: Fast Updates on Read-Optimized Databases Using
Multi-Core CPUs. In: *Proceedings of the VLDB Endowment* Bd. 5, August 2012, S. 61–
72

[Loos 2011]   LOOS, Peter et. a.: In-Memory-Datenmanagement in betrieblichen Anwen-
dungssystemen. In: *Wirtschaftsinformatik* 53 (2011), Nr. 6, S. 383–390

[Matt 2012]   MATT, Christian: In-Memory-Technologien für Unternehmensanwendun-
gen. In: *Controlling & Management* 56 (2012), Nr. 4, S. 229–230

[Mense 2015]   MENSE, Ulrich: *Marktstudie „In-Memory-Datenbanken (IMDB)“.*
2015. – URL http://www.areto-consulting.de/marktstudien/. – Zugriffsdatum:
01.02.2016

[Murthy 2014]   MURTHY, Praveen: *Oracle Exalytics In-Memory Machine. A brief introduction.*   2014. –   URL http://www.oracle.com/us/solutions/ent-performance-bi/business-intelligence/exalytics-bi-machine/overview/exalytics-introduction-1372418.pdf. – Zugriffsdatum: 01.02.2016

[Plattner 2012]   PLATTNER, Hasso ; ZEIER, Alexander (Hrsg.):   *In-Memory Data Management: Technology and Applications.* 2nd ed. 2012. Berlin, Heidelberg : Springer, 2012

[Plattner 2014]   PLATTNER, Hasso: *A Course in In-Memory Data Management: The Inner Mechanics of In-Memory Databases.* 2nd ed. 2014. Berlin, Heidelberg : Springer, 2014

[Plattner und Leukert 2015]   PLATTNER, Hasso ; LEUKERT, Bernd: *The in-memory revolution: how SAP HANA enables business of the future.* Cham; Heidelberg [u.a.] : Springer, 2015

[Stonebraker 2011]   STONEBRAKER, Michael: Stonebraker on data warehouses.   In: *Communications of the ACM* 54 (2011), Nr. 5, S. 10–11

[Strohmeier 2012]   STROHMEIER, Stefan: Hauptspeicherdatenbanken in der betrieblichen Informationsversorgung. Technische Innovation und fachliche Stagnation?   In: *Wirtschaftsinformatik* 54 (2012), Nr. 4, S. 209 – 210

[Vaisman und Zimányi 2011]   VAISMAN, Alejandro ; ZIMÁNYI, Esteban: Data Warehouses. Next Challenges.   In: AUFAURE, Marie-Aude (Hrsg.) ; ZIMÁNYI, Esteban (Hrsg.): *Business Intelligence.* Springer, 2011, S. 1 – 26

[Weiss 2012]   WEISS, Harald: *Hana vs. Exalytics – ein Vergleich von Äpfel mit Birnen.*   Juli 2012. –   URL http://www.silicon.de/41569106/hana-vs-exalytics-ein-vergleich-von-apfel-mit-birnen/. –   Zugriffsdatum: 01.02.2016

[Welker 2015]   WELKER, Peter: *Big Data oder Data Warehouse.* 2015. – URL http://www.computerwoche.de/a/big-data-oder-data-warehouse,3092517. – Zugriffsdatum: 10.02.2016

[Wessel u.a. 2013]   WESSEL, Patrick ; KÖFFER, Sebastian ; BECKER, Jörg: Auswirkungen von In-Memory-Datenmanagement auf Geschäftsprozesse im Business Intelligence. In: *11th International Conference on Wirtschaftsinformatik*, 2013, S. 1781 – 1795